CB014973

PARA MANFRED

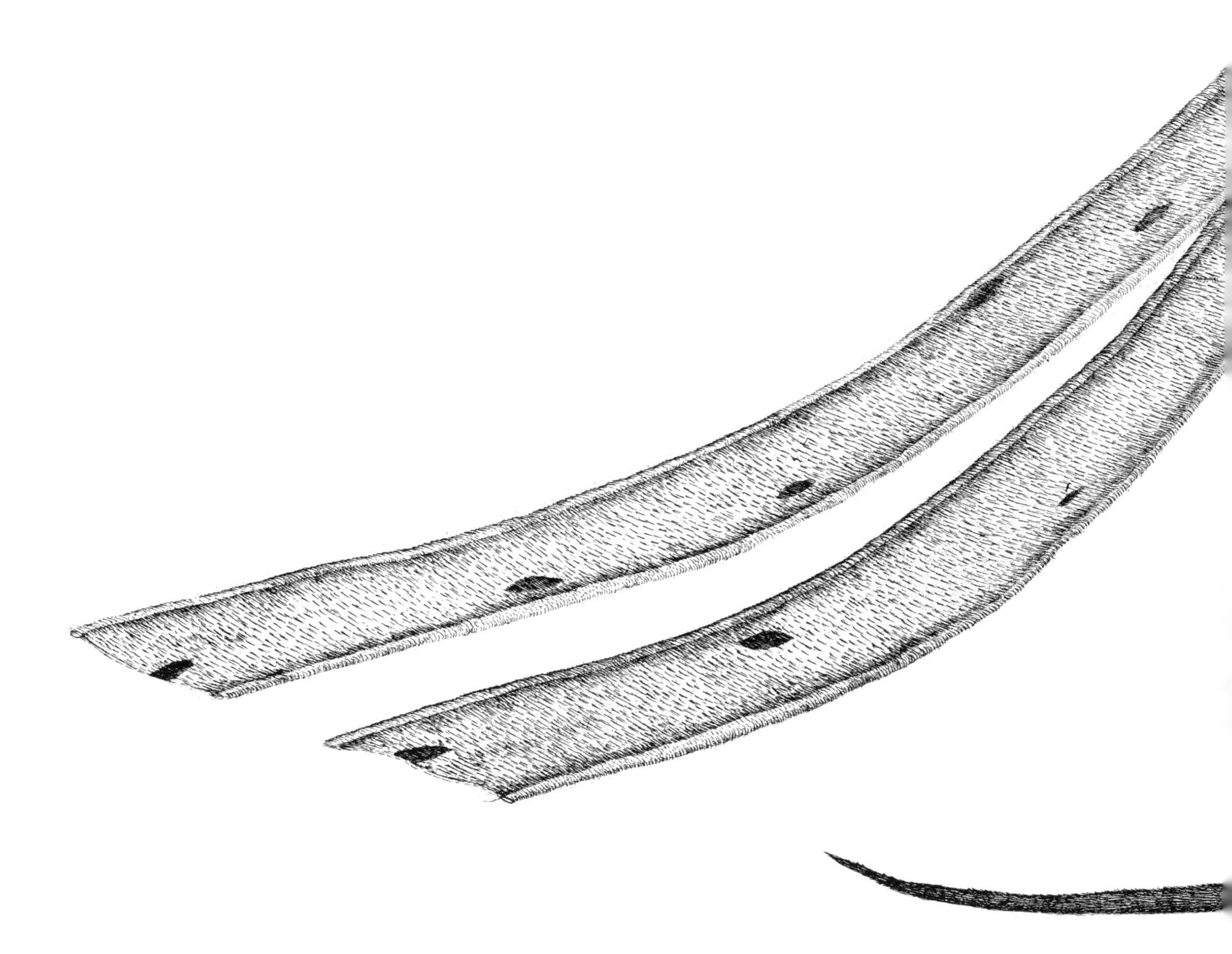

EDIÇÃO GERAL
Sonia Junqueira

DIAGRAMAÇÃO
Ricardo Furtado

REVISÃO
Danielle Oliveira
Lúcia Assumpção
Renata Silveira

Dados Internacionais de Catalogação na Publicação (CIP)
(Câmara Brasileira do Livro, SP, Brasil)

Bohdal, Susi
Selina, o ratinho e a gata Flora / Susi Bohdal ; tradução Anna Luiza Cardoso. – 1. ed. – 1. reimp. – Belo Horizonte : Autêntica Editora, 2017.

Título original: Selina, Pumpernickel und die Katze Flora.
ISBN 978-85-8217-572-9

1. Ficção - Literatura infantojuvenil I. Título.

15-00142 DD-028.5

Índices para catálogo sistemático:
1. Ficção : Literatura infantil 028.5
2. Ficção : Literatura infantojuvenil 028.5

Belo Horizonte
Rua Carlos Turner, 420,
Silveira . 31140-520
Belo Horizonte . MG
Tel.: (55 31) 3465 4500

São Paulo
Av. Paulista, 2.073,
Conjunto Nacional, Horsa I
23º andar . Conj. 2310-2312 .
Cerqueira César . 01311-940
São Paulo . SP
Tel.: (55 11) 3034 4468

Rio de Janeiro
Rua Debret, 23, sala 401
Centro . 20030-080
Rio de Janeiro . RJ
Tel.: (55 21) 3179 1975

www.grupoautentica.com.br

SUSI BOHDAL
TEXTO E ILUSTRAÇÕES

SELINA, O RATINHO E A GATA FLORA

1ª reimpressão

ANNA LUIZA CARDOSO
TRADUÇÃO

autêntica

O pequeno quarto de Selina ficava acima dos telhados de uma grande cidade. Uma noite, ela sonhou que estava deitada em sua cama quando viu um buraco de rato no rodapé da parede. Selina tinha certeza de que o buraco não estava ali antes e ficou curiosa. Continuou deitada, observando para ver se alguma coisa acontecia.

De repente, um ratinho pulou para fora do buraco, parou no meio do quarto e começou a limpar os bigodes. Estava tão concentrado que nem notou a presença de Selina.

– Olá! – disse ela suavemente.

O rato olhou alarmado, mas, ao ver que Selina sorria, aproximou-se. Percebeu que ela gostava de camundongos.

– Vou te chamar de Pipkin – disse ela. – Você gosta?

– Sim – respondeu ele, alegre. – Pipkin é bom. – Saiu esfregando o focinho e desapareceu dentro do buraco.

Na noite seguinte, Selina pegou um pedaço de queijo na cozinha e pôs diante do buraco na parede. Na mesma hora, Pipkin apareceu para cheirar o queijo.

– Cheddar! Meu favorito! – exclamou, mordendo um pedaço, depois outro, e outro, até o queijo sumir.

Depois, contou a Selina uma história sobre um banquete de ratos no qual uma dama ratinha dançava lindamente. Selina adorou e o fez repetir a história três vezes.

Dali em diante, Pipkin sempre contava histórias para ela em troca de pedaços de Cheddar, e esses eram momentos muito alegres para os dois.

Um dia, Pipkin não apareceu. Selina o chamou diversas vezes até que ele pôs cuidadosamente a cabecinha para fora do buraco. Estava muito assustado.

– O que foi que aconteceu? – perguntou ela, preocupada.

Pipkin apontou a patinha para a janela e murmurou:

– Você está vendo aquela gata enorme ali? Ela já esteve aqui antes.

Selina olhou para o peitoril da janela e lá estava a gata, olhando para Pipkin com olhos famintos. Era Flora, a maior caçadora de ratos da cidade.

Selina correu para a janela e a mandou embora:

– E não se atreva a voltar! – gritou.

Mas Flora voltou no dia seguinte. Pulou silenciosamente para dentro do quarto e agarrou Pipkin de surpresa. Selina apareceu quando ele lutava para escapar. Ao ver o que estava acontecendo, gritou:

– Olha aquele pombo gordo no telhado!

Flora virou-se rapidamente, largando Pipkin; Selina o pegou e escondeu no bolso de seu avental.

Flora nunca tinha perdido uma presa e ficou furiosa.

– Me dá esse rato! – gritou.

– Não vou te dar meu amigo! – retrucou Selina firmemente, avançando em direção a Flora para espantá-la. Mas dessa vez a gata não foi embora: arreganhou os dentes e partiu para cima de Selina, os olhos fumegantes.

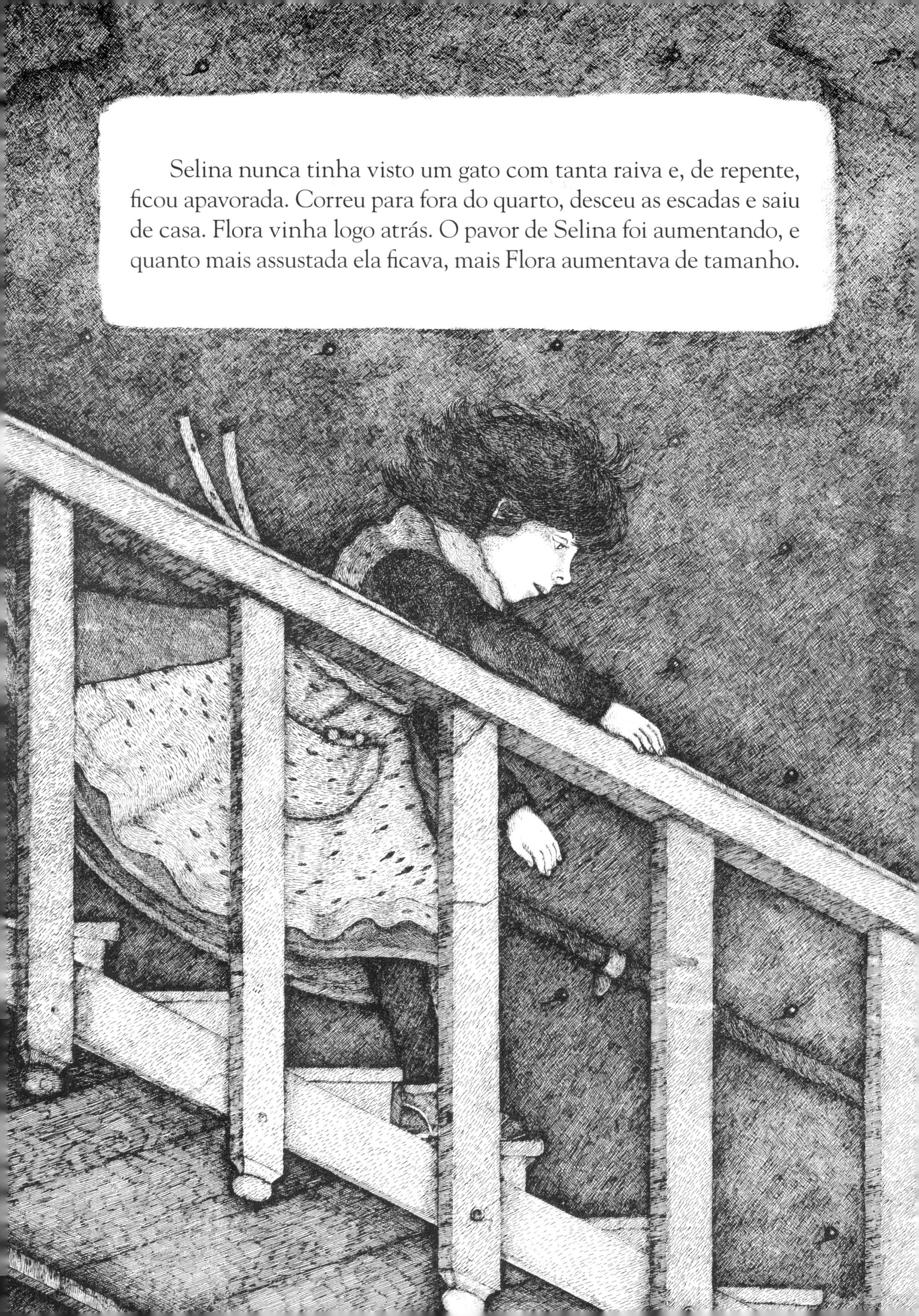

Selina nunca tinha visto um gato com tanta raiva e, de repente, ficou apavorada. Correu para fora do quarto, desceu as escadas e saiu de casa. Flora vinha logo atrás. O pavor de Selina foi aumentando, e quanto mais assustada ela ficava, mais Flora aumentava de tamanho.

Selina ouvia as pisadas da gata, cada vez mais fortes, e quando olhou para trás viu que Flora estava do tamanho de um cão pastor. Mais assustada que nunca, Selina correu mais ainda. Quando olhou para trás de novo, Flora já estava do tamanho de um cavalo. Selina corria freneticamente, e Flora crescia tanto que seus bigodes já varriam as calhas das casas e seu rabo encostava nas chaminés.

Selina não ousava mais olhar para trás. Correu e correu e correu até não ter mais fôlego e não conseguir mais correr. Então parou. Atrás dela, estava tudo silencioso. Flora também tinha parado.

– Me dá o rato – sibilou Flora, e o ar quente da respiração da gata gigante soprou os cabelos de Selina. Ela se virou para trás devagar. Dois enormes olhos cintilantes a encaravam.

Selina estava muito assustada para se mexer.

– O que devo fazer? – sussurrou, envolvendo seu bolso com as mãos para proteger Pipkin. Sentiu que ele se movia e ouviu-o murmurar:

– Você tem que fazer ela ficar pequena de novo.

– Mas como?! – perguntou Selina. – Estou muito assustada!

– O problema é esse – disse Pipkin. – Você está fugindo. É por causa do seu medo que Flora ficou tão grande. Você tem que andar corajosamente em direção a ela e olhar no fundo de seus olhos.

– Eu não consigo – balbuciou Selina. – Não sou corajosa o suficiente.

– É, sim! – E Pipkin mergulhou de volta no bolso de Selina.

Flora sibilou novamente:

– Me dá o rato.

Selina estremeceu. Mas respirou profundamente e caminhou em direção à gata. Olhou no fundo de seus olhos. Flora se assustou e deu um passo rápido para trás.

– É isso aí, está funcionando – disse Pipkin. – Continue, continue!

Selina deu outro passo, e mais outro, sempre olhando Flora nos olhos. A cada passo de Selina para a frente, a gata dava um passo para trás. A cada passo, Selina se sentia mais corajosa. E a cada passo, Flora diminuía de tamanho.

30

Por fim, Selina começou a correr em direção a Flora, que foi recuando, totalmente desorientada.

"Eu *sou* corajosa", pensou Selina, enquanto corria ainda mais rápido e Flora se tornava ainda menor. Agora a gata mal alcançava as janelas do primeiro andar das casas.

Pipkin continuava espiando, ansioso para ver a gata diminuir. Logo, ela estava apenas do tamanho de um cavalo; depois, do tamanho de um cão pastor. Poucos passos mais e Flora estava do tamanho de um gato normal.

Selina parou, e Flora parou também, olhando para a menina de baixo para cima. Nenhuma das duas sabia o que dizer. Selina se recuperou primeiro:

– Agora vá embora – disse firmemente –, e deixe Pipkin em paz daqui para a frente.

Flora se sacudiu, limpou os bigodes e foi embora, balançando o rabo.

O perigo tinha passado, e Selina sentou na calçada para descansar. Pipkin pulou para fora do bolso e começou a dançar de alegria. Graças a Selina, ainda estava vivo.

Um pouco depois, Selina o pegou novamente, pôs de volta no bolso e começou a caminhar para casa. Já era tarde, e a cidade estava silenciosa.

De volta a seu quarto, Selina deu um pedaço de queijo para Pipkin, mas os dois estavam muito cansados para histórias. Pipkin desapareceu dentro de seu buraco e Selina foi para a cama.

Enquanto isso, Flora, sentada num telhado, perto de uma chaminé quentinha, lambia as patas e pensava sobre o que tinha acontecido. Pela primeira vez em sua vida tinha falhado na caçada de um rato – mas nenhum outro rato na cidade tinha uma Selina para protegê-lo. Flora, então, decidiu deixar Pipkin em paz dali em diante.

E foi assim que terminou... o sonho de Selina.

Os desenhos deste livro não foram feitos com pincel ou caneta. Eles são gravuras em metal.*

Como uma gravura em metal é feita?

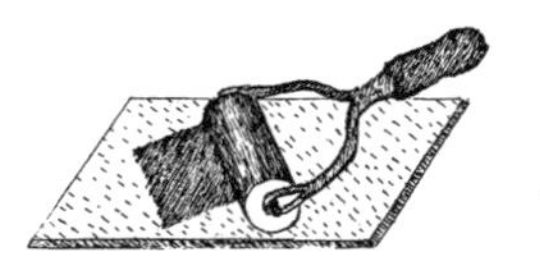

Uma fina camada de cera é espalhada suavemente sobre uma placa de cobre.

Então, usando um bastão de ponta afiada (melhor que seja uma agulha própria para esse tipo de trabalho)...

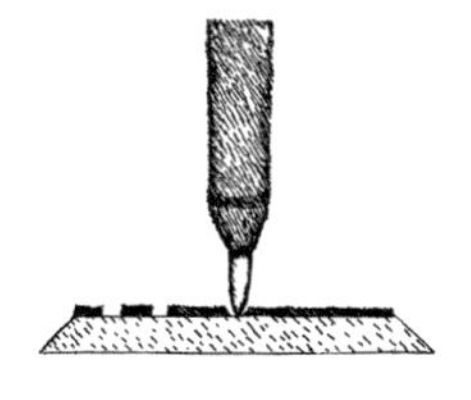

... faz-se um desenho na cera.

A placa de cobre pode agora ser vista através dos riscos feitos na cera pela agulha; e a camada de cera, antes fina e lisa, fica esburacada e desnivelada. A placa de cobre é então mergulhada numa bacia de ácido.

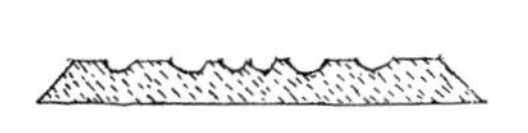

O ácido vai corroendo os riscos na placa de cobre e vai gravando-os nela, do mesmo modo que a agulha gravou na cera. Esse processo se chama corrosão. A cera, que estava protegendo o resto da placa de cobre enquanto os riscos eram corroídos pelo ácido, é removida.

Depois, a placa de cobre é aquecida e polida com uma tinta especial. A tinta vai se tornando mais suave e líquida com o calor da placa e penetra em todos os riscos.

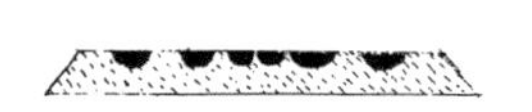

Muito cuidadosamente, passa-se um pano (ou a mão) sobre a placa, de modo que a tinta só fique dentro dos riscos gravados na placa.

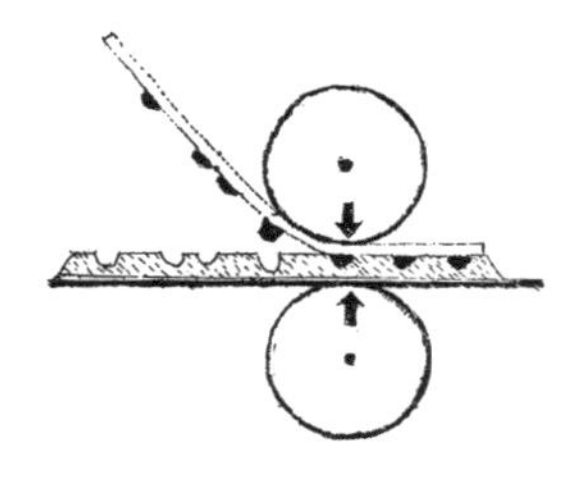

A placa é posta numa prensa, junto com uma folha de papel superficialmente umedecido para absorver corretamente a tinta. Então a placa e o papel são pressionados por dois rolos, e a tinta nos riscos da placa passa para o papel. Isso pode ser feito numa prensa manual, é uma forma muito simples de impressão.

Por fim, o trabalho pode ser admirado. É preciso a prática e a ajuda de uma pessoa treinada para acertar o processo todo, mas é muito divertido fazer isso, e o resultado é gratificante.

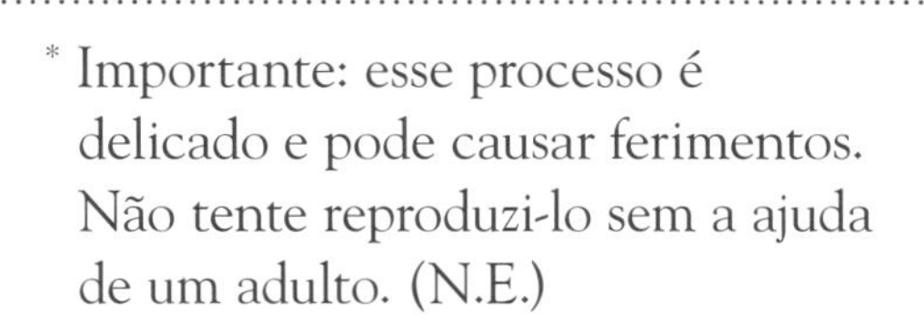

* Importante: esse processo é delicado e pode causar ferimentos. Não tente reproduzi-lo sem a ajuda de um adulto. (N.E.)

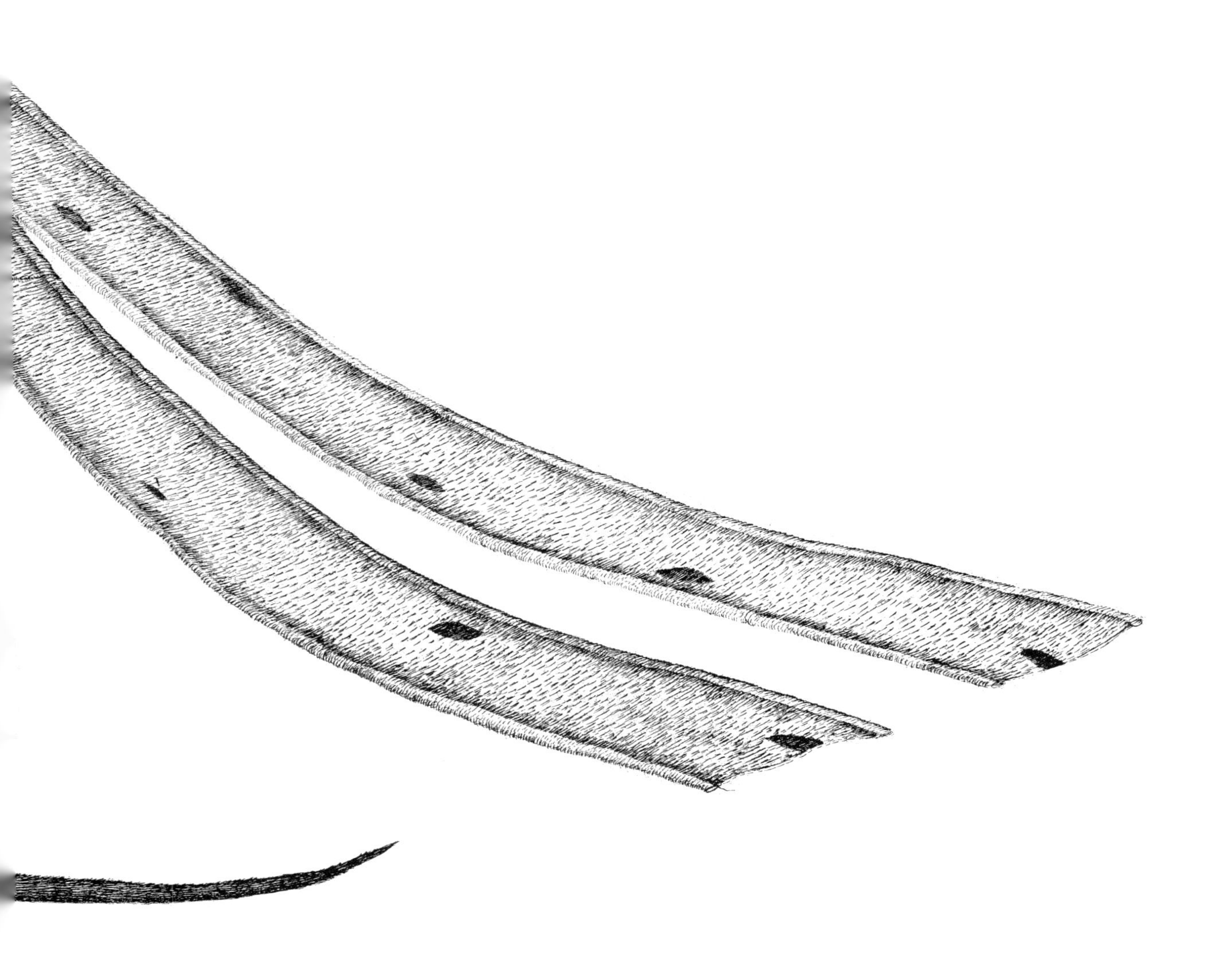

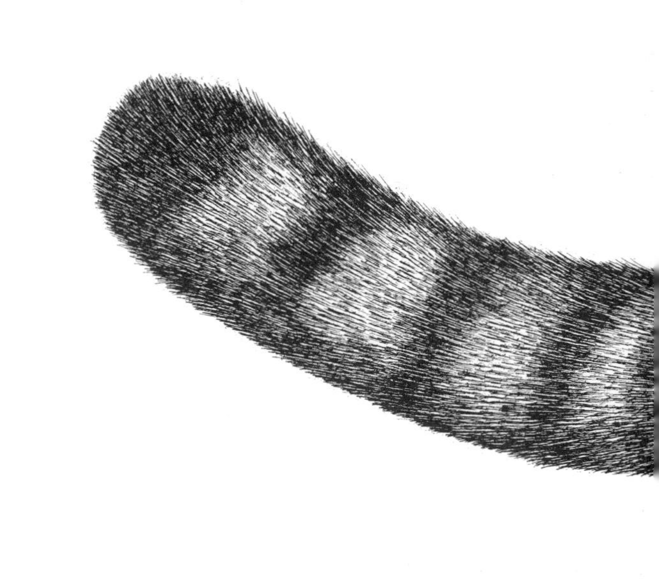

SUSI BOHDAL nasceu em 1951, em Viena, na Áustria. É artista, ilustradora e autora de vários livros para crianças. Em 1982, seu livro *Selina, o ratinho e a gata Flora (Selina, Pumpernickel und die Katze Flora)* ganhou o prestigioso Deutscher Jugendliteraturpreis (Prêmio Alemão de Literatura Juvenil). Ela vive e trabalha em Viena.